DISCOVERING HIGH SCHOOL

Word Search Edition

This Book Belongs to:

____

ANTOINETTE MENDEZ

This book is a work of fiction. Names, Characters, places and incidents either are the product of the author's imagination or are used fictitiously, and any resemblance to actual persons living or dead, business establishments, events or locals is entirely coincidental.

For information about special discounts for bulk purchases, please contact Mission 2 Transition™ at info@themission2transition.com.

Visit Mission 2 Transition™s website for college and career prep services at www.themission2transition.com

Printed in the United States of America

ISBN: 979-8-8692-7441-0

Welcome to "Discovering High School" a dynamic puzzle book designed to prepare middle-school students for the linguistic challenges of high school and beyond. Follow these tips to take on this empowering educational word search challenges:

Step 1: Read the word list to know what to look for. Some prefer finding words one-by-one, while others spot letter combinations that stand out in the grid.

Step 2: Scan rows and columns for the first letter of a word, then look horizontally, vertically, and diagonally to find the remaining letters. Don't forget tricky diagonal words going both ways.

Step 3: Highlight, circle or underline words as you find them. Cross each off the list to avoid repeats.

Step 4: Mark off words on your list so you know what's left. If stuck, take a break for a fresh perspective.

Step 5: Relax and have fun with the search - the most obvious words can be the hardest to see. Don't stress over any you can't find.

You can always check the solutions at the back if you need help completing a puzzle. With this step-by-step approach, you can give your brain a workout and enjoy these rewarding High School Ready word searches!

Academic Excellence

Ak-uh-dem-ik　　　　　　　Ek-suh-luhns

Welcome, middle and high school students from diverse backgrounds, to the exciting journey of academic excellence!

Academic excellence isn't just about getting good grades; it's about aiming for the highest standards in everything you do as you navigate through middle and high school. It's important for all of us, regardless of where we come from, to understand the value of academic excellence.

It's not just about memorizing facts and figures; it's about learning how to learn, mastering study skills, and becoming critical thinkers. By striving for academic excellence, you're not only preparing yourself for success in high school but also setting the stage for a bright future beyond the classroom.

So let's dive into these word search puzzles together and explore the language of success, study skills, test preparation, and achievable academic goals, all while keeping the vocabulary at a level that's easy to understand and engage with.

College Entrance Exam Registration
Schedule an Appointment with the School Counselor

MASTERING TIME MANAGEMENT

```
F I N S T R I U F L L R I W P P A P H M
X A Q U S Z R W T C J L A R M N G D H Z
T X N D A E P N W H V B O M V E V O G Z
U P P L B H X H K U G R A I I M D F E I
D I R S C L P Y C Y F F S X W A E Y C D
U M A O W A J J F V H G T C J R S G Z E
H H W V C E W T P N Z Z L E H F M R Z S
R X O Z O R A Y Y C C N F E E G Q G U
A Y K Q X O A X K I I U F N M D X U N
B A J G K E R S L E L O H I D I E U S W
O K X S H B W G T D G N R C K T D B L M
F G E X S Z Y A A I R M S I T H I Q F E
W S E A Z R C E V N N P W E T Q C R Z S
N Z R Y N O D O Q N I A Q N W I O Z C X
N G W C L L S T X H U Z T T J F Z T R L
F Y Q L O E N I T U O R E I K Q X E F Y
M Q A J K G R U W T Q V G P O Z U Q U C
M Y F V T F I Y X U G J J S L N Q J B J
V K B G Y Y G X G G X P F A T J G S Z W
K Y T I V I T C U D O R P V G Y A D Y A
```

WORD BANK

PROCRASTINATION   PRODUCTIVITY   PRIORITIZE

EFFICIENT   TIMEFRAME   SCHEDULE

DEADLINE   ORGANIZE   ALLOCATE

ROUTINE

EFFECTIVE NOTETAKING

E N I L T U O C S H H E Y Y A
U G O F L G A N L W P Z J V N
H S U M M A R I Z E D I C C I
Q C U S H B C G H W P S L M A
F H Q D I B C E X O N E J D T
F C F R N R Q K R V X H B M E
W D X O L E W B J G Y T J C R
F Z U W M V H N P W L N O H C
Z V W Y V I O E E V L Y V C T
R Y V E U A I I R C L S C P Z
Z B Y K P T V J L P X D H L X
A Z Z J L E P Y P N M L Z S L
A V N P R X V S I E P O P M P
R A F A F W W F J E T O C F F
R C E S I C N O C O I Y M J Q

WORD BANK

COMPREHEND	ABBREVIATE	SYNTHESIZE
SUMMARIZE	KEYWORDS	CONCISE
OUTLINE	RETAIN	REVIEW
RECALL		

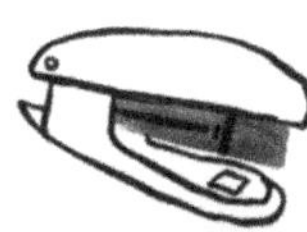

RESEARCH & WRITING

T D P L A G I A R I S M G T Y
L Q D Q E S I V E R Q F S Z P
E S Q B O C S G I C X W C K U
Y S I A W C N E T X J I A I F
B H A F N O N E J F M V M P Y
G Z H R W V O A D J A Y Q P F
P P R H H K I H N I J R B R F
B V N R A P T N N A V I D O Y
H D E W Q F A W D L L E K O D
K N H Z K K T R W X W Y Y F H
E E M M G H I L A F O K Z R X
P E W M Y M C T K P U Z T E V
T U B C B E Z X T Z J G L A E
R S O U R C E S R V M T H D L
W K K W S D T H E S I S U Q K

WORD BANK

PARAPHRASE	PLAGARISM	PROOFREAD
CITATION	EVIDENCE	SOURCES
ANALYZE	THESIS	REVISE
DRAFT		

TEST PREPARATION

S	I	L	A	J	C	L	B	N	S	Q	J	R	I	G	C	J	S
O	C	D	T	O	C	C	N	F	H	Q	P	Z	V	K	U	P	O
G	M	V	S	I	D	G	Q	B	G	P	A	V	M	G	C	A	Z
J	M	S	B	E	O	A	Q	R	P	E	S	S	N	J	D	Z	P
T	Q	M	L	X	N	X	E	R	Y	W	S	N	D	G	T	T	Y
J	U	R	M	A	O	V	A	E	V	F	E	P	R	Z	S	V	K
J	L	P	U	M	I	C	T	P	H	P	S	X	D	D	G	F	G
I	S	G	P	E	T	R	Q	E	M	L	S	E	O	Q	K	M	K
D	J	R	W	I	A	P	E	V	C	U	M	S	B	T	S	Q	D
J	D	B	C	I	R	Q	L	T	J	H	E	C	R	F	G	N	N
K	R	E	B	U	T	Z	P	L	A	D	N	Z	Q	P	S	T	W
G	B	D	W	R	N	I	Q	O	C	M	T	I	L	L	S	Z	W
P	G	Z	R	O	E	Z	I	R	O	M	E	M	Q	J	P	R	K
E	U	X	L	A	C	E	R	Q	V	X	S	U	I	U	S	E	T
C	F	V	C	O	N	F	I	D	E	N	C	E	U	C	E	A	I
Z	W	M	P	L	O	D	S	T	R	A	T	E	G	I	E	S	Q
Q	W	E	J	B	C	D	J	F	Y	H	G	T	Y	A	O	X	Y
F	Z	I	B	X	R	Q	U	G	C	Q	V	U	B	O	Z	Q	J

WORD BANK

CONCENTRATION	ASSESSMENT	TECHNIQUES
CONFIDENCE	STRATEGIES	MATERIALS
PRACTICE	MEMORIZE	REVIEW
EXAM		

ACADEMIC INTEGRITY

F F S G R H Q X H Y J P Q I P K V V
O O S M E K R C W H P U F M O F V K
J K E E S W G Q J D Q Y C Z O R D Z R
Y L N N P I T W S I L Z Y C R V N L E
R T R D O T R U S T W O R T H Y P P Y
P R I C N B P Y C H V E O D N X W U C
C P A L S F V T O D O T P N M K J E
E J F Z I G W T Q I Q V E X H R P C
E E U F B B D V B E R O F C T Y M G M
K V U A I F A I M A W G W C T Z W Z Y
R I I X L I L T R E F X E S G L I U I
G R L K I I B D N H M P E T D A M E Y
E B I G T T D S N U S N U J N C C Q X
G S U Y Y P R R K E O K Q U O I V K Z
V W V A S H U I C R H D C I T M H Q C F
E K I M K W A L T O I S C K C T Y M S
V W M W Z J U K D C C F M A F E Z J W
S U F P J Z Q Z X Z B Q I N O X R J W
T Y N X M C I T N E H T U A Z P B H Y

WORD BANK

RESPONSIBILITY	ACCOUNTABILITY	CREDIBILITY
TRUSTWORTHY	INTEGRITY	AUTHENTIC
FAIRNESS	HONESTY	ETHICAL
RESPECT		

CRITICAL THINKING

Q H A K S S Z C R U R G S J N P
X S L J E Y E S A I B G D D D F
A N O I D Y F Z M L N R G R M J
G Z L P X S V P Y I W J J A S M
P U I I E W G S N L K C L I T P
W F A K Z R R O L P A O D N Y H
I U N J Z R S L F W C N F F P J
I T E D I A O P O F R C A E N D
N N L P E E P C E F U L P R J C
Z E Z R M A R E V C K U M E K N
S M B R K I E V A O T S L N N L
I U H X T H M U L O P I W C U B
P G W I N H V E U X Q O V E N Y
Y R C B B I T O A P K N H E Z V
N A K Z G E D G T K K G E R Y S
L I N T E R P R E T I I N C O O

WORD BANK

PERSPECTIVE CONCLUSION INTERPRET
INFERENCE REASONING EVALUATE
ARGUMENT CRITICAL ANALYZE
BIAS

SELF-DISCOVERY

Self-diss-KUV-uh-ree

Welcome to the next phase of your journey, where we delve into self-discovery and goal setting.

Here, we explore the power of understanding yourself and setting objectives that propel you towards your dreams. As students from varied backgrounds and experiences, recognizing your unique strengths and passions is essential to unlocking your potential.

By discovering what drives you and envisioning your future, you gain the clarity and confidence needed to navigate your path.

Throughout this section, we embark on a journey of self-exploration and empowerment.

Let's embark together on this exciting adventure of self-discovery and goal setting, where every step brings us closer to realizing our aspirations.

UNVEILING STRENGTHS

```
D  I  P  K  M  S  H  S  C  I  F  O  I  L  M  C  A  B
S  I  U  F  X  G  H  S  I  H  V  H  A  I  S  P  D  Q
S  U  T  G  E  B  T  H  V  S  H  T  G  N  E  R  T  S
M  E  E  E  E  U  C  S  A  S  E  D  U  T  I  T  P  A
Y  D  I  D  V  V  K  N  K  D  Z  X  M  Z  T  A  J  X
U  A  M  C  V  P  V  W  J  W  V  P  V  P  I  S  W  Y
V  Q  P  X  N  K  O  N  R  M  O  A  A  M  L  D  T  C
M  K  X  S  U  E  X  T  S  L  K  Y  N  O  I  T  I  V
T  K  T  O  O  A  I  I  E  T  L  V  Y  T  B  Y  Q  D
S  K  B  C  N  A  B  C  E  N  N  E  I  A  A  O  F  G
T  O  T  J  I  K  S  V  I  S  T  E  K  Q  P  G  R  E
J  N  B  F  F  M  E  P  L  F  D  I  L  H  A  B  E  P
A  T  T  R  I  B  U  T  E  S  O  P  A  A  C  N  Z  S
U  B  G  J  E  D  G  O  H  J  A  R  E  L  T  J  B  K
A  T  M  R  T  S  U  U  E  J  H  L  P  S  S  V  J  I
N  H  S  L  Z  D  F  V  F  Q  M  X  Q  T  J  S  C  L
J  S  I  F  B  J  G  H  V  U  O  J  D  Y  U  W  U  L
I  V  E  W  W  S  Z  U  I  N  T  G  I  Q  A  R  Q  S
```

WORD BANK

PROFICIENCIES CAPABILITIES ATTRIBUTES
POTENTIALS ADVANTAGES STRENGTHS
ABILITIES APTITUDES TALENTS
SKILLS

SETTING UP FOR SUCCESS

```
D N Z P N U L V Z O E Q T P V U U Z
P R O G R E S S H Z R V R S Q X P Z
W F B I L C Z U J P X F W T W I E L
C M B Y T I A M C S O U E W K A R S
H K O A H A V H O C R U X O I F S A
E U X C S I N C F T E B Q X E M I F
T L E H S P Z I I V I S X L D A S K
Y S J I V B I B M T N V S L M F T V
K S O E F M G R V R Z O A B C F E D
B N M V F Z W Z A V E W I T B O N D
P G K E Z F Q M A T J T L N I R C A
U P W M A M C V L Q I M E P T O E U
K G F E Y J R P J O S O I D X B N F
H W P N G S Q G N B L L N E D S S B
K V U T C G R M T E E S A Z L P V B
P Y A Q L F Q C F X I O C O R F C O
J Z L B E V D D E I B S X P G I Q P
H G S G M Q M H Z M G L Y E N C U O
```

WORD BANK

DETERMINATION ACHIEVEMENT PERSISTENCE

MOTIVATION ASPIRATION PROGRESS

AMBITION SUCCESS VISION

GOALS

NAVIGATING CHALLENGES

```
T O A N Z F V W G Z Y M Z T V O T
S E P K T C M T B W U E L O P I I
X N N F N Y A L G G C Y V V E V R
Y D O R C P T S K N U N U E R S L
H U I A U J O I E V Z A Q R S N O
B R V F U M X I S L I G U C E C O
Q A P X F G L Z E R D Y T O V V C
J N N W J I A H G Q E R K M E R O
T C R H S W C R N F D V U E R L P
P E Q E B W A U E N P I D H A K I
X Q R Q J N M P L A C I O A N Q N
K F H K S D K L L T Q D X A C S G
C E O P X V F Z A T I H T Q E Y P
Z A C E H A V O H X Y E M Q U S O
R D M O B S T A C L E S S S B Y V
T Q R O T L F R X U D P E V D L D
L N S V D B P M E T H D L Y E Z T
```

WORD BANK

DIFFICULTIES   PERSERVERANCE   CHALLENGES

ENDURANCE   OBSTACLES   ADVERSITY

RESLIENCE   OVERCOME   HURDLES

COPING

UNDERSTANDING IDENTITY

```
K  X  D  Y  F  C  D  F  O  V  A  L  U  E  S  B  U  D
S  Y  Y  C  B  I  N  V  S  C  J  B  L  I  N  F  A  Y
G  W  C  Q  W  H  A  Q  U  I  E  Z  R  H  T  V  J  V
S  X  O  N  O  H  D  C  R  D  R  L  L  Q  P  U  I  C
A  S  B  J  C  O  R  M  O  E  U  M  C  T  L  N  G  Z
C  U  E  E  R  X  U  Z  T  N  T  L  S  T  D  N  H  M
S  Z  C  N  L  W  U  C  X  T  L  W  P  I  V  M  S  L
C  D  E  Z  E  I  A  W  P  I  U  T  V  Z  L  T  G  F
H  A  J  A  G  R  E  U  D  T  C  I  Y  T  I  A  Q  L
A  S  M  I  A  T  A  F  X  Y  D  K  V  J  L  O  Q  Z
K  I  I  H  N  I  T  W  S  U  D  C  W  B  F  M  J  N
J  B  C  K  Y  T  I  L  A  N  O  S  R  E  P  M  E  C
B  O  N  Y  K  U  A  L  U  F  O  H  S  K  X  I  O  W
O  O  N  T  P  I  I  P  E  I  L  E  T  N  B  N  G  A
P  W  E  G  A  T  I  R  E  H  F  E  Z  T  F  H  I  D
Z  J  U  S  Y  B  H  F  Y  M  D  S  S  K  V  G  P  E
W  Y  T  I  S  R  E  V  I  D  J  N  U  F  J  H  G  Q
G  A  R  P  M  A  K  D  F  L  V  S  W  R  Y  F  T  W
```

WORD BANK

SELF AWARENESS   INDIVIDUALITY   PERSONALITY

CHARACTER   DIVERSITY   IDENTITY

HERITAGE   BELIEFS   CULTURE

VALUES

EMBRACING CHANGE

```
P X E L O B P V R E L P X D E T H B I
N Z Y M Q U V Z B U Z O C N V T K A Y
E O T V B D P O T L Z J T Q O J W Q C
K C I R N D S P Y E I T L V L G P J O
R S L T A G J M Y A A V V J U L S H H
W X I B A N H O P S W D E V T B T A B
R Z R T T V S A C W Q Y T P I W G D D
B O I L A R O F L N V F W B O T K J A
J X X U R C H N O O L K E R N X R U A
P Y E W V H C I N R Y X G I C B P S W
W M L V N I T E O I M Q Y Y Y D R T J
V Z F T T A H T P C H A N G E W X M K
X P Z A T B M T O T T H T B D X H E F
I D C P E E G N T R A N S I T I O N U
J R A V C M D J C X E N E M O M N T W
J D O B T P T Z N A Z Y C P Z N R A X
A E A D A K S U V T E F W E P A E K B
Q Y J F J G S A T T J F E M Y V Q I I
T J I N U G J N F Y L T U F H Z N R P
```

WORD BANK

TRANSFORMATION   FLEXIBILITY   ADAPTATION

TRANSITION   ACCEPTANCE   ADJUSTMENT

INNOVATION   EVOLUTION   CHANGE

GROWTH

PLANNING FOR THE FUTURE

```
E  R  F  N  R  U  E  B  E  G  T  W  N  M  C  F  A
O  T  T  O  O  F  C  H  Y  X  H  D  J  G  W  R  D
B  S  B  G  Q  I  D  M  B  F  X  V  E  O  A  D  R
F  N  O  S  R  S  T  P  P  K  W  C  O  A  T  F  R
R  X  G  E  M  D  A  A  D  C  A  L  Z  L  C  R  Y
F  K  N  B  R  W  S  M  P  K  T  C  Q  S  L  G  N
P  P  I  N  W  C  P  D  S  I  T  L  V  E  E  S  O
O  L  T  O  K  H  N  A  J  Q  C  U  V  T  I  H  I
W  A  S  I  C  F  R  O  G  B  C  I  A  T  T  B  T
G  N  A  T  A  U  W  R  Y  S  K  R  T  I  O  K  A
V  N  C  C  G  X  U  T  S  F  T  K  C  N  M  B  R
U  I  E  E  Q  D  I  B  I  S  S  W  P  G  A  M  A
R  N  R  R  W  G  N  I  N  O  I  S  I  V  R  T  P
S  G  O  I  C  E  H  Z  R  E  X  H  C  S  H  I  E
D  C  F  D  T  O  K  I  K  K  X  V  P  X  J  N  R
K  G  B  O  F  Y  U  X  R  W  N  H  V  T  H  M  P
E  U  X  S  W  T  S  F  U  T  U  R  E  J  N  Q  S
```

WORD BANK

ANTICIPATION	PREPARATION	GOAL SETTING
FORECASTING	VISIONING	DIRECTION
PLANNING	STRATEGY	ROADMAP
FUTURE		

CAREER EXPLORATION

kuh-reer eks-pluh-REY-shuhn

Welcome to the Career Exploration and Future Pathways section
of our word search book!

This section is designed to equip you with common vocabulary
and language that will empower you to confidently map out
your future path.

As middle and high school students, you hold the power to shape your
own journey and explore a myriad of exciting possibilities.

Whether you're dreaming of college, vocational training, enlistment
in the military, or diving straight into the workforce, this section will
provide you with the tools and knowledge to navigate your options
with confidence and determination.

Through engaging puzzles and meaningful reflections, we'll embark
on a journey of self-discovery and career exploration together.

So, let's dive in and unlock the doors to your future success!

EXPLORING CAREERS

T V A F I Z Y H F S K A Z Y A K P H
T U H F D E G O R U R T I C C P U A
Q P P R M K N E X U C E Z G O D E U
C P Q H P I V F L A O N E F C G Y Q
T I X D F O C V O P F I X R I H C S
A M G A C P S L Q Q Y C P O A V U L
L Y Z S L P U S S K I L L S A C V I
T C I P H O Z Y I E P M O U N II O Q
P D R A A R S C O B D D R W J T X N
V H O O C T N U K P I D A X V I X Z
Q O V U F U H M U G T L T V U V X O
M G R X H N K W C D S I I I S U M T N
Z Q R B F I N B A O D Z O T K B H J
T J Q E A T H U G Y C J N N I Q T I
V G G A R I N O I S S A P R S E O O
Y C U X Q E P V T S E R E T N I S Z
P T B S V S F V V Z N K W S C E P Q
L H T Q D O B J A V F I S U O G I Q

WORD BANK

OPPORTUNITIES

POSSIBILITIES

EXPLORATION

INTERESTING

PATHWAYS

DISCOVER

CAREERS

PASSION

OPTIONS

SKILLS

COLLEGE & BEYOND

```
E  E  R  G  E  D  U  C  A  T  I  O  N  S  M
Y  C  J  H  R  Y  O  O  J  V  H  D  S  N  H
T  T  J  B  Z  A  N  T  V  U  O  S  A  M  I
F  B  I  C  K  A  D  H  O  O  O  J  S  A  G
Z  K  B  S  Z  Y  R  U  C  T  B  M  I  Z  H
O  V  H  P  R  G  K  R  A  C  H  U  A  D  E
C  A  B  F  T  E  K  N  T  T  S  P  T  O  R
O  O  Z  A  J  K  V  F  I  K  I  C  X  T  E
J  Y  L  U  J  P  Z  I  O  T  I  O  P  O  D
B  P  A  L  E  B  M  N  N  E  J  I  N  M  O
P  T  N  E  E  R  I  M  A  U  B  Q  D  J  T
X  B  X  N  U  G  U  H  L  N  P  O  C  K  Q
S  G  C  A  R  E  E  R  P  A  T  H  L  Y  E
L  V  I  B  I  C  G  N  I  N  I  A  R  T  Z
B  F  L  A  H  W  S  H  B  E  Y  O  N  D  J
```

WORD BANK

CAREER PATH
GRADUATION
TRAINING
DEGREE

UNIVERSITY
HIGHER ED
COLLEGE

VOCATIONAL
EDUCATION
BEYOND

MAPPING YOUR JOURNEY

```
D  S  S  K  P  P  Z  X  K  E  J  U  U  R
A  S  J  L  K  C  X  D  P  I  C  M  Q  J
T  T  L  N  A  V  I  G  A  T  E  V  O  U
V  E  L  A  H  Y  O  E  J  P  K  C  N  B
N  P  P  Y  O  T  M  A  P  P  I  N  G  P
H  S  Q  E  B  G  A  G  R  N  L  W  C  Y
M  V  U  N  H  C  F  P  O  H  R  A  J  O
U  M  J  R  N  S  Z  I  G  U  F  N  N  L
E  L  V  U  R  C  T  U  R  N  Y  O  Z  I
Y  S  E  O  D  C  E  D  E  U  K  Z  R  M
K  Y  Y  J  E  E  I  X  S  B  X  Z  E  Z
H  H  J  R  T  L  F  F  S  B  Y  D  V  I
F  D  I  G  B  G  I  T  F  I  L  O  G  S
D  D  X  Z  S  Q  E  I  N  D  I  B  R  L
```

WORD BANK

DIRECTION	PROGRESS	NAVIGATE
MAPPING	JOURNEY	GOALS
STEPS	PATH	PLAN

ROAD TO SUCCESS

H P D B G C M U T P Y X M R E C G Z O
J G S E E G S I W H M T V Y X F V Z T
E M B D O O H W L X Z P D H Z Y Q M W
F V G F E D J F Y E M J A W B P T D W
E S S E C C U S N C S D G V R I P J H
V I T S Y I I S J U S T M K X Z U U S
I Q N M V A U I L K C V O P E W J W P
P C E H W A E N P H O R X N Y S W A B
A Z M O P I J G E M F Y S W E T B R X
T D E D I C A T I O N Y Q C N S I O O
H D V Q T K X O B X B P N K R T X A D
F L E F P C V E W Y Y E E N U J E D E
L D I L L C F L G R T K V A O U K N E
L T H Q G F D T W S Y K N T J Y W Q A
Q A C C O M P L I S H M E N T P O T I
O K A R H K X S N F G A R R P B M X S
B J T R J U R G R T K K P G L T Y X R
D W G Y Z E K S K E V Y Y D Y X V Y K
G W V L P F Q F L O O E I E E K G Z L

WORD BANK

ACCOMPLISHMENT   ACHIEVEMENT   PERSISTENCE

MILESTONES   DEDICATION   SUCCESS

JOURNEY   EFFORT   ROAD

PATH

FINANCIALLY FIT

```
D   C   W   E   P   M   O   N   E   Y   P   H   I   L
E   U   A   E   X   X   O   W   T   M   Y   H   S   A
B   X   B   J   L   V   L   L   U   M   F   S   H   I
T   I   P   V   X   X   V   N   J   V   P   O   X   C
Q   T   N   E   Q   T   Z   U   I   T   W   I   Y   N
W   C   L   V   N   T   N   R   I   E   H   P   C   A
S   P   O   C   E   S   L   D   V   P   G   A   D   N
F   W   O   G   R   S   E   S   N   L   S   G   D   I
S   Z   D   N   W   R   T   S   W   X   K   Q   Q   F
Q   U   R   I   C   S   I   I   F   B   K   C   S   W
B   K   I   V   Q   K   U   N   N   K   Q   H   K   P
Y   L   O   A   U   Y   P   V   R   G   M   J   F   G
P   U   B   S   H   I   N   C   O   M   E   T   C   H
O   W   Y   C   A   R   E   T   I   L   H   H   X   S
```

WORD BANK

FINANCIAL	INVESTING	LITERACY
EXPENSES	BUDGET	SAVING
CREDIT	INCOME	MONEY
DEBT		

RELATIONSHIP BUILDING

Ree-LAY-shun-ship Bild-ing

Welcome to the Relationship Building and Social Skills section of our word search book!

This section is dedicated to helping you develop the essential skills needed to foster positive connections and navigate the social landscape with confidence.

As middle and high school students, building strong relationships and mastering social skills are crucial aspects of your personal and academic growth.

Whether it's effective communication, teamwork, navigating peer relationships, practicing digital citizenship, coping with bullying, or understanding cultural diversity, this section will provide you with the vocabulary and language to navigate these topics with grace and resilience.

Through engaging puzzles and thoughtful reflections, we'll embark on a journey of self-awareness, empathy, and respect for others. So, let's dive in and cultivate the relationships and social skills that will enrich our lives and contribute to our success!

COMMUNICATION ESSENTIALS

R Q O D J X G S Z R P E N W W C I H
P C O T I Q G W R B K B P T H V N U
K D O J M B P Q D R H Q P S X A T A
G N A M S N W V Z N R K R X P D E W
M F M R M V O G R H A Y Q T U E R A
A Z S Y N U Q J F A C T T K S C A E
G K N S W P N D R T L Q S B D M C K
Q I L J Q G M I D R A G J R O Z T G
A F C C B D N A C S R X M L E R I D
I C H C G P M L T A I E S I G D O L
D U R N O Q N O J Q T M W S A S N K
U D I X Z N J G S S Y I R T S X O U
J Y I K F W N U S R O T O E S A H Q
O S I O Z F K E P D H N S N E Y B R
F I R J N X R G C B O O D M G Q R
L O W Q K P T P H T S P Z O V L O Z
N N I J X I T Y E W J C B P Q M C E
E U Q E A E E X C O U V Z W Z U I J

WORD BANK

COMMUNICATION   INTERACTION   UNDERSTAND

DIALOGUE   EXPRESS   CLARITY

MESSAGE   CONNECT   LISTEN

SPEAK

POWER OF TEAMWORK

```
H W W H A S C A P H L X W I H D Y N
K D K S Z I F T Y W Z G Y N T N U K
F C G R D H U F G M Y G G O O V A E
E R G Z C O N T R I B U T I O N Q Z
H C A I J D I Q B L E O T T L Z F Q
W Q O F B N T U U H O A X A X S I S
K Q M O W S Y H J P P J E R C Y D X
E W S B R Z Z O V I W Z L O E N V C
C Q X X B D B Q C I O I O B Y E Y P
X N J H R S I I E T M P V A G R X T
M P C K D Q T N M D E T G L P G I B
K J V J H R T J A R F S R L M Y D I
Z W F O A N L T A T M X B O M I R V
Y D Q P S Z L T M N I T P C P O I F
A N P K H M I R U F L O Q B U P G W
F R N K R O W M A E T G N P V O U B
V L K B N X L D D Y S G C Y N L Z S
B H M Q P I H S R E N T R A P G P O
```

WORD BANK

COLLABORATION   PARTICIPATION   CONTRIBUTION

COORDINATION   COOPERATION   PARTNERSHIP

TEAMWORK   SUPPORT   SYNERGY

UNITY

FRIENDSHIPS & PEER PRESSURE

```
T  E  V  I  T  R  O  P  P  U  S  D  E  B  G  L  I
C  C  R  Y  R  T  J  D  V  Q  B  P  L  E  P  S  H
I  N  K  U  L  Z  W  L  T  X  Q  W  S  E  I  O  X
V  A  Z  E  S  L  N  N  G  D  W  U  P  H  A  K  D
B  T  U  J  U  S  E  R  I  V  O  E  T  S  C  O  P
T  P  I  I  J  N  E  T  L  Q  M  T  O  S  X  X  I
K  E  L  B  Z  U  T  R  Z  W  P  G  Z  P  K  N  H
F  C  R  O  B  V  I  U  P  F  E  E  M  N  F  J  S
E  C  X  U  Y  C  G  S  M  R  H  K  E  L  J  J  D
D  A  K  N  Y  A  F  T  O  Z  E  C  U  R  L  I  N
N  A  I  D  J  V  L  T  U  J  W  E  C  P  J  J  E
Q  F  Y  A  O  S  D  T  S  M  N  I  P  J  T  B  I
V  Z  K  R  X  Z  Z  J  Y  C  N  W  N  R  E  J  R
B  P  D  I  D  X  K  F  E  E  O  L  F  G  T  I  F
P  Y  U  E  Z  I  L  A  I  C  O  S  H  K  I  G  G
J  G  Z  S  L  J  U  B  Q  R  J  C  M  B  N  T  V
D  H  Y  Q  S  G  S  P  H  Z  K  E  F  N  F  A  A
```

WORD BANK

PEER PRESSURE FRIENDSHIP ACCEPTANCE

BOUNDARIES SUPPORTIVE INFLUENCE

SOCIALIZE LOYALTY TRUST

PEER

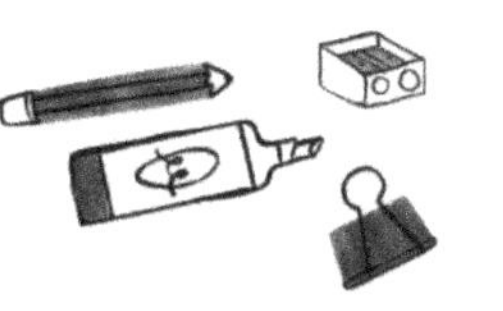

DIGITAL CITIZENSHIP

```
M  A  I  K  I  Y  S  N  O  Z  W  G  Y  O  H  V  P  U  N
I  D  F  S  C  X  B  R  D  N  G  M  A  B  O  V  J  I  U
M  F  C  S  L  W  Q  G  Y  N  X  W  B  N  R  R  P  G
I  W  Q  U  D  I  G  I  T  A  L  O  A  G  K  E  H  W  S
H  T  R  U  T  C  O  C  I  O  D  A  S  V  E  S  D  O  E
E  P  I  D  N  G  Q  M  R  D  V  A  E  T  F  P  A  Z  P
L  C  F  E  M  N  G  B  G  M  F  R  T  Y  N  E  K  S  Y
I  K  M  N  T  I  C  P  E  E  Q  E  J  L  B  C  B  Y  H
S  Y  A  L  S  Y  L  V  T  I  U  B  Z  N  Q  T  Z  U  U
U  X  A  O  I  L  M  Y  N  Q  D  B  Z  Z  X  X  Q  M  Y
D  F  Y  T  I  L  I  B  I  S  N  O  P  S  E  R  O  M  F
G  B  E  H  C  U  U  T  N  O  B  Y  E  R  E  G  T  W  J
P  I  C  C  F  B  E  D  B  E  I  P  E  B  Z  I  X  Y  G
V  K  W  P  C  R  J  E  G  N  R  W  P  L  Q  M  Q  Q  M
C  I  T  I  Z  E  N  S  H  I  P  L  E  W  N  H  J  A  P
J  J  M  R  F  B  B  J  V  L  Z  S  H  J  W  F  Z  E  D
L  A  F  Z  N  Y  F  A  V  N  J  P  I  V  P  Q  D  L  I
N  P  F  B  L  C  C  L  H  O  O  H  A  Z  N  R  P  R  C
V  W  I  A  J  Y  V  A  W  W  F  D  X  V  M  S  Y  Z
```

WORD BANK

RESPONSIBILITY

ETIQUETTE

RESPECT

SAFETY

CYBERBULLYING

INTEGRITY

PRIVACY

CITIZENSHIP

DIGITAL

ONLINE

COPING WITH BULLYING

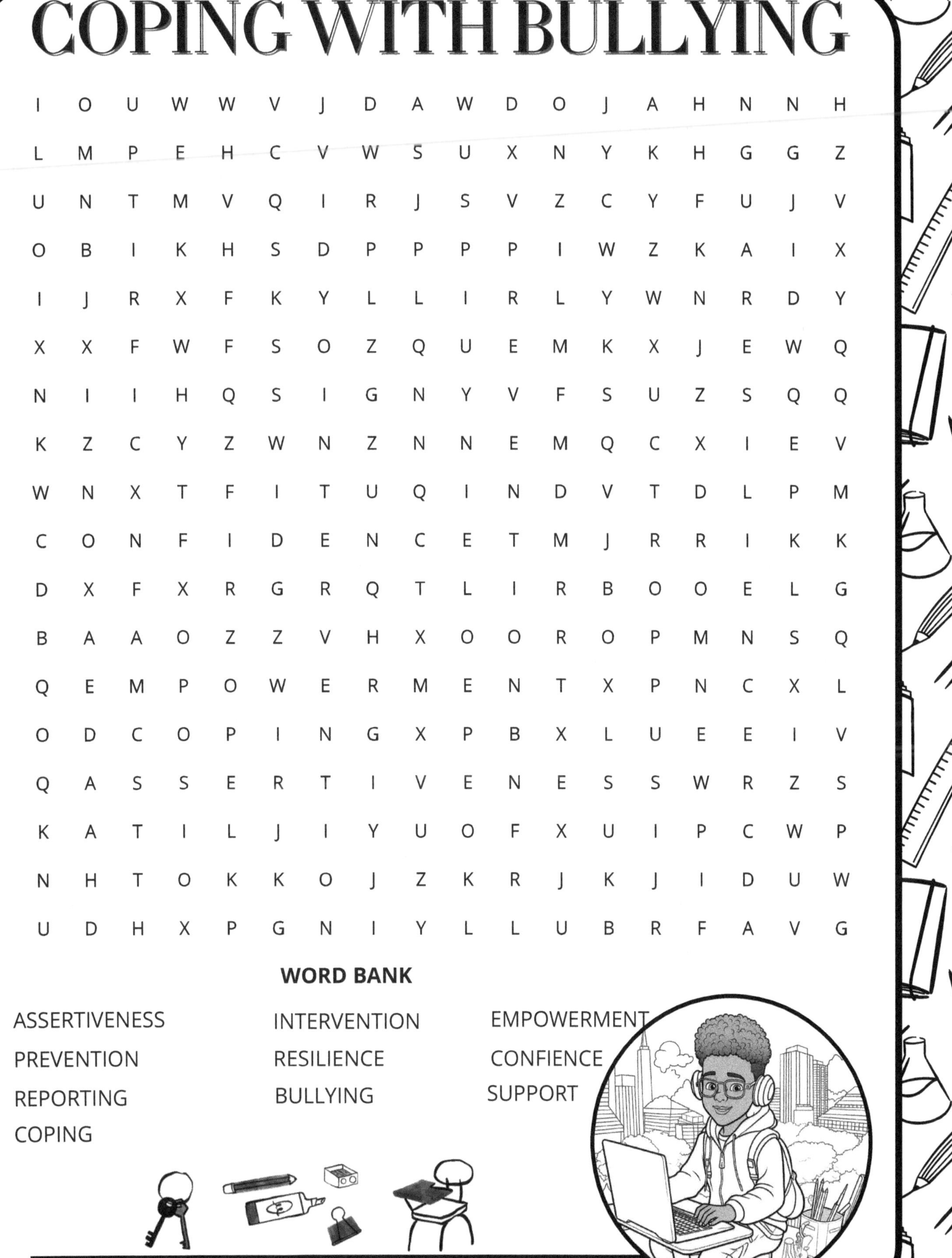

WORD BANK

ASSERTIVENESS	INTERVENTION	EMPOWERMENT
PREVENTION	RESILIENCE	CONFIENCE
REPORTING	BULLYING	SUPPORT
COPING		

CULTURAL AWARENESS

V H E I Z J J Y Q H F K C M F S V U G
T Q M O N V D J F D B P P N K A S B
J K Q E V U E L D E N W H V A E B X
I O G U E J W N A R O D E Z D T T L
D U F A T D K O F R I H A Q Y P B Z
E G A T I R E H G X T A L I Z E O K
N F U M L N T L X P A B L P A R G U
Q L N O I S U L C N I H S Y D S X E
T L S A H E V L M W C D C J A P D I
O G N I D N A T S R E D N U Q E X H
L G E C S R S N W I R E S P E C T X
E W Q I U S Q V P Q P S S W G T U Z
R J A T Q N O G F R P N W H L I E T
A H L Z D G I Z M G A R Q A C V H
N U O M U N I Q Z Z K I M H S E R M
C I P R D Y T I S R E V I D A Z H A
E T O A F G J X G W W B I J T L X T
J E P I P C O N O I T I D A R T K J

WORD BANK

UNDERSTANDING	APPRECIATION	PERSPECTIVE
DIVERSITY	INCLUSION	TOLERANCE
TRADITION	CULTURAL	HERITAGE
RESPECT		

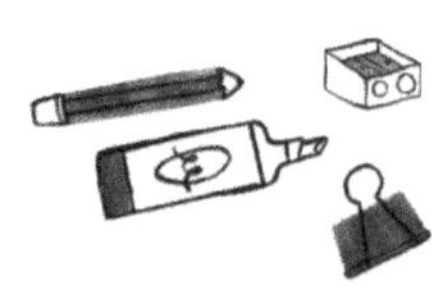

SOLUTIONS

Suh-loo-shuhnz

Congratulations, explorer!

You've journeyed through the challenges and triumphs of "Discovering High School: Preparing for Success." Your dedication to unlocking your potential and embracing the adventure of learning is truly inspiring.

Remember, every puzzle solved, every goal achieved, and every lesson learned brings you one step closer to realizing your dreams. As you continue on your path to success, know that you possess the strength, resilience, and determination to overcome any obstacle that comes your way.

Keep striving, keep growing, and keep believing in yourself – for the journey of discovery is just beginning, and the possibilities are limitless.

Together, let's pave the way for a future filled with endless opportunities and boundless potential. Mission 2 Transition™ salutes you on your remarkable journey of self-discovery and academic excellence.

ACADEMIC EXCELLENCE

Time Management Page

Effective Note Taking

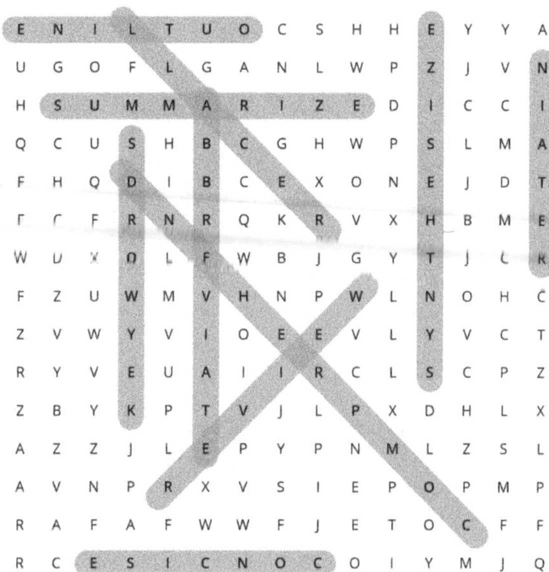

Research & Writing

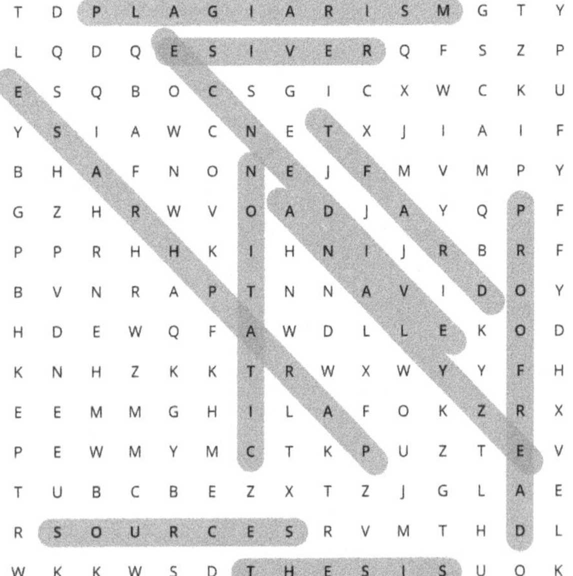

Test Preparation

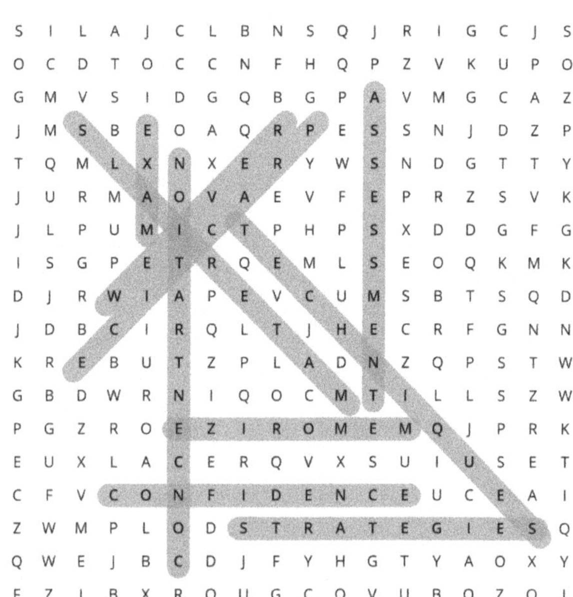

ACADEMIC EXCELLENCE

Critical Thinking

Academic Integrity

SELF-DISCOVERY

Unveiling Strengths

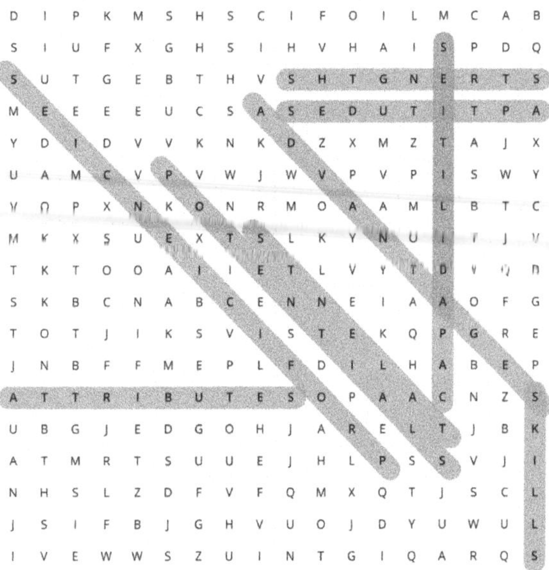

Success

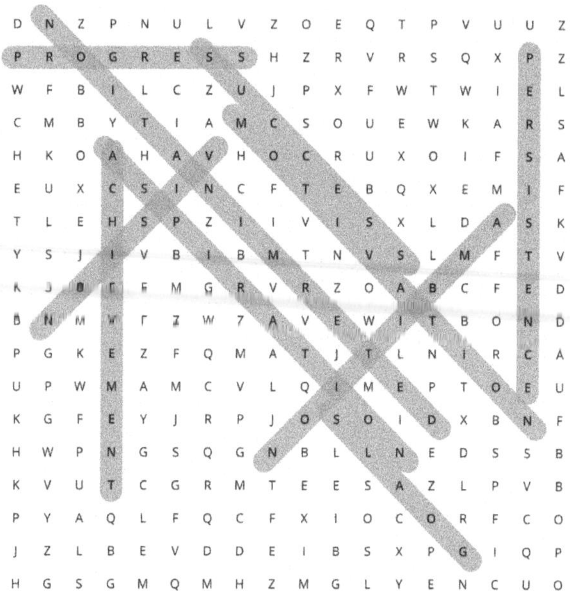

Navigating Challenges

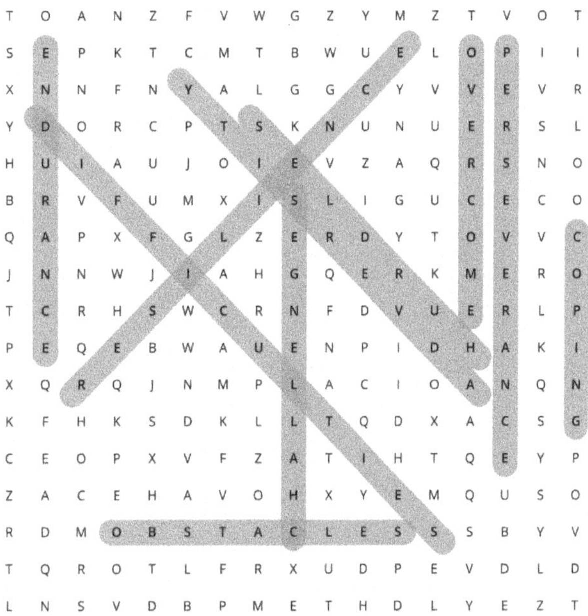

Embrace Change

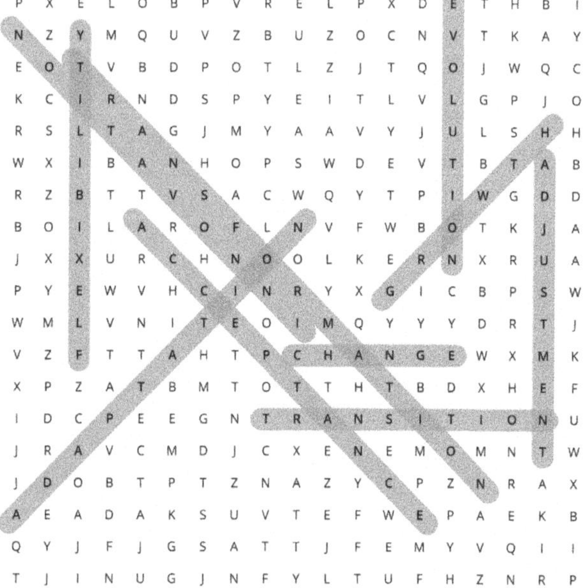

SELF-DISCOVERY

Identity

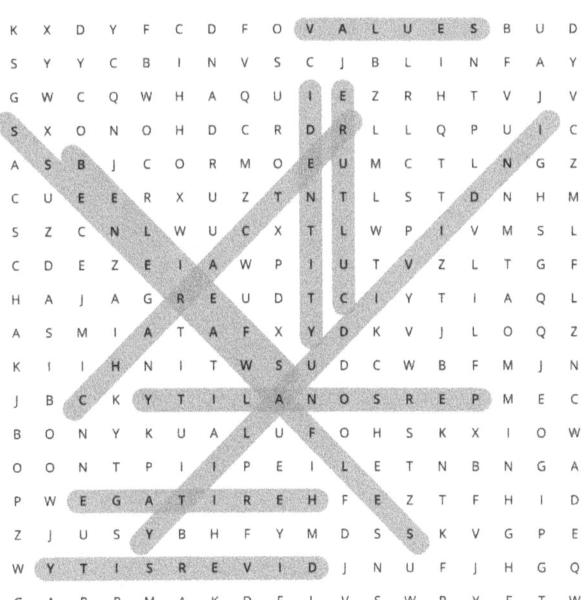

Future Plans

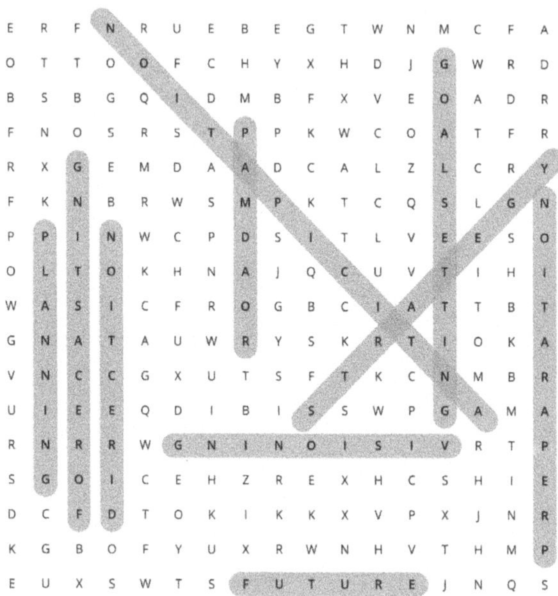

CAREER EXPLORATION

Exploring Careers

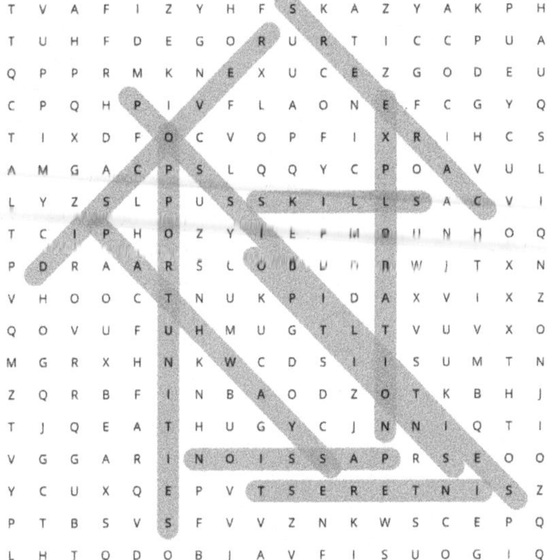

College & Beyond

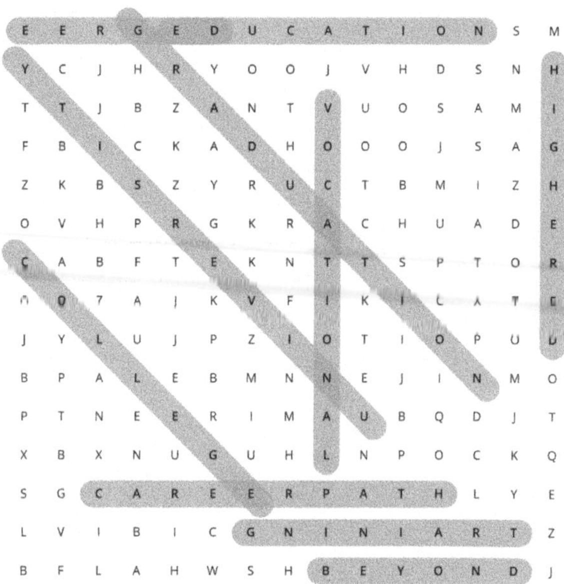

Mapping the Journey

Road to Success

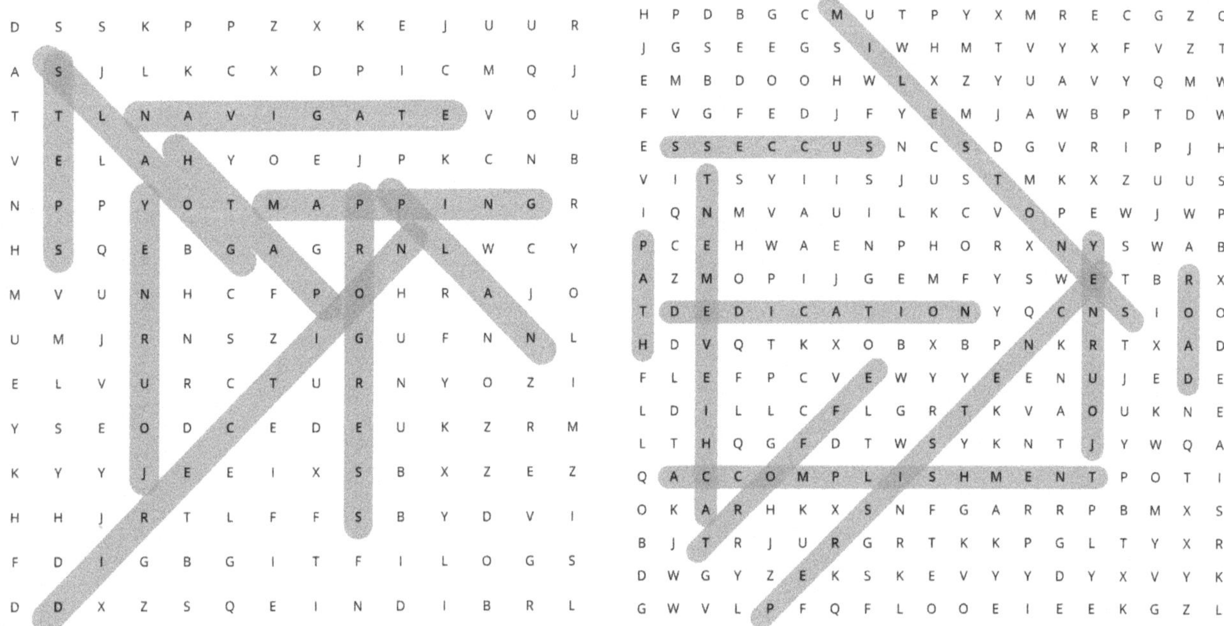

CAREER EXPLORATION

Financial Fitness

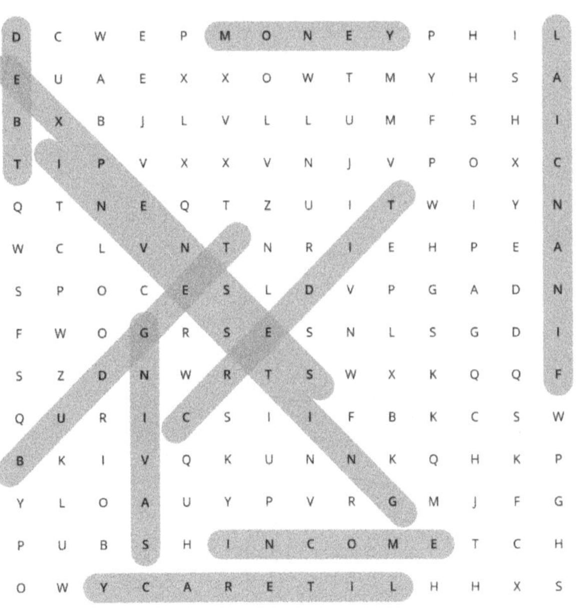

Informed Decision

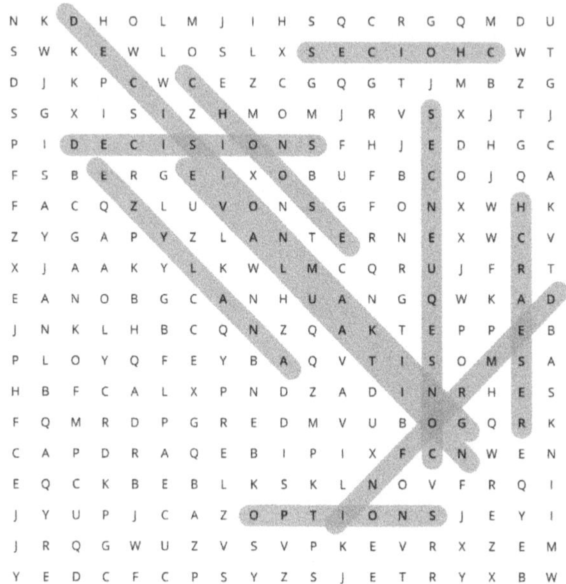

RELATIONSHIP SKILLS

Communication Essentials

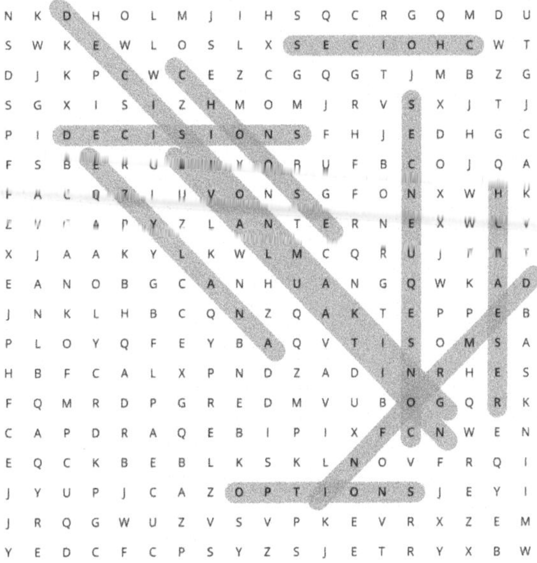

Teamwork

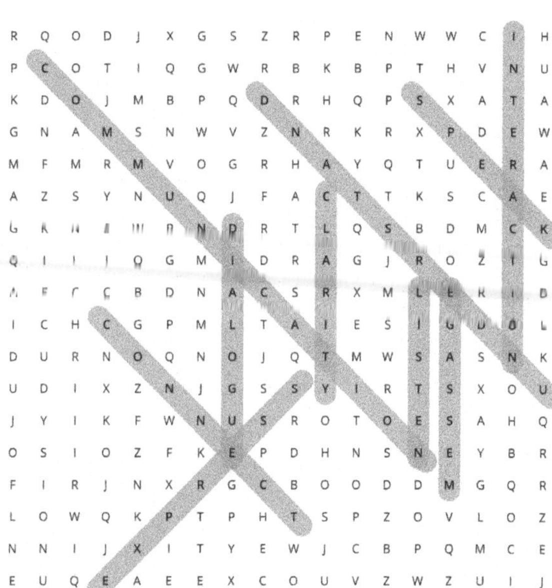

Friendship & Peer Pressure

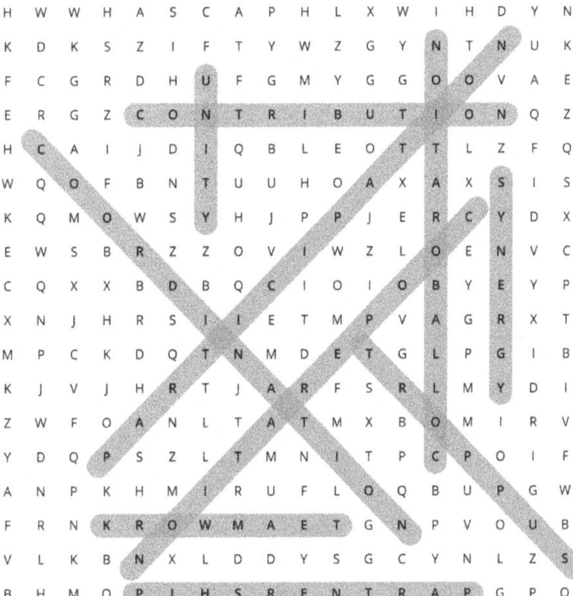

Digital Citizenship

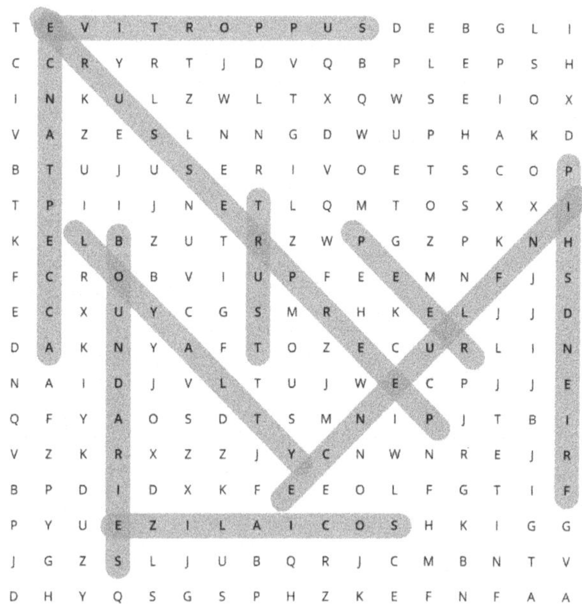

RELATIONSHIP SKILLS

Coping with Bullying

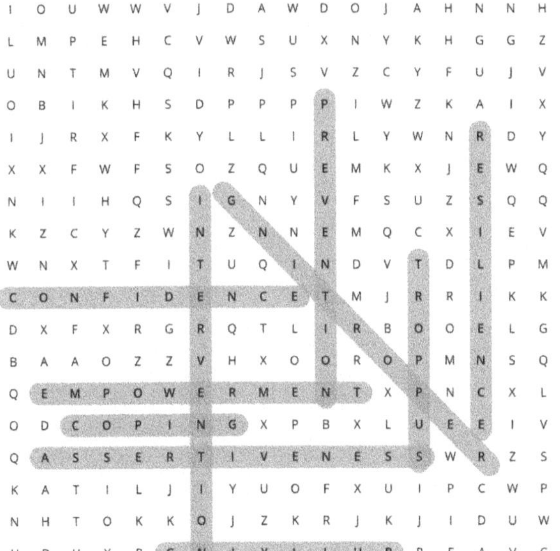

Cultural Awareness

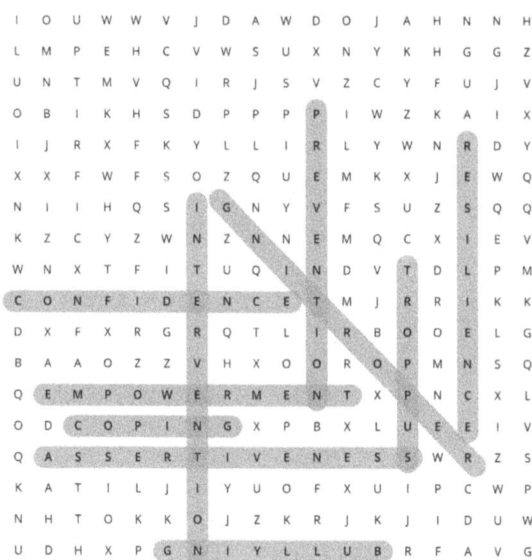

Congratulations, champions of discovery!

You've reached the end of "Discovering High School: Preparing for Success," but your journey of learning and exploration is far from over.

As you close this chapter, remember that knowledge is your greatest ally, and curiosity your most powerful tool. Keep embracing challenges, seeking new horizons, and pushing the boundaries of what you thought possible.

And don't forget to explore our other college and career litera.

Remeber your journey towards success is just beginning. Keep learning, keep exploring, and keep shining bright – for the world is yours to conquer!

Stay connected with us follow us on Facebook, Instagram, and LinkedIn for more inspiration, resources, and exciting updates.

www.themission2transition.com